Colors of Japanese Spirits

日本の心の色 100

ちりめんのお細工物やつり飾りを楽しむ

美しいお細工物100点＋ちりめんで奏でる100色の布見本帖とカラーレッスン

弓岡勝美 著

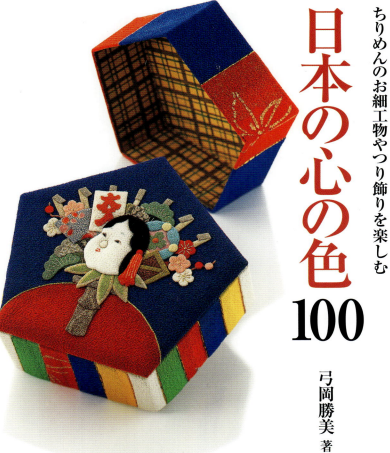

日本ヴォーグ社

日本の心の色100
着物とお細工物

弓岡勝美

　日本の、むかし着物に出会って40年になりますが、着物の世界には、日本の色彩や配色、デザイン等の感覚がすべて含まれていると感じます。

　原色、中間色、そして日本人独特のダークで繊細な色。柄ゆきはというと、四季の移ろい、歳時記、花鳥風月といった自然界のもの、あるいは縞や格子などの幾何学的な模様が情感をもってデザインされています。また素材となる着物地は江戸ちりめんや大正、昭和のちりめん、あるいは錦紗などが主に使われています。

　このようなむかし着物は、時を経て、太陽の光にさらされるなどして退色しています。しかしその退色した色合いが、やわらかく、とても優しいものに感じたのです。このむかし着物とのいい出会いが、私がお細工物をはじめたいと思ったきっかけとなりました。特にちりめんという素材は、お細工物に適していると思います。

　今回は「日本の心の色と配色」とういテーマで一冊にまとめました。親しみがあり、大切にしてきた日本の心の色を私なりに100色選び、日本人に深く関わりのある題材を用いてお細工物で表現しています。

　美しい日本の心の色と配色を、この本から感じてください。

※使用しているちりめんは、すべてアンティークの一点物です。同じちりめんは手に入りませんので、お手持ちのものや手に入るものであなたなりのお細工物を作ってください。
※「日本の心の色100」は著者の感性で選んだものです。正式な日本の伝統色とは多少の違いがありますので、色みの参考に、またちりめんの多彩な色を楽しむという主旨で掲載しています。

もくじ

日本の花——4

椿

乙女箱——14

動物——26

おしゃれ小物——34

日本の花——42

桜

羽子板——46

弓岡勝美が選ぶ
日本の心の色100——59

飾り熨斗——54

古布やちりめんに出会えるお店——103

作品の作り方——104

弓岡勝美 ゆみおかかつみ
着物コーディネーターとして長年活躍し、アンティーク着物のショップを経営する一方、古裂に魅せられ、押絵やパッチワークを多用した多彩な作品を作り上げる。おしゃれ工房出演。『きものと着付け』（パッチワーク通信社）、『昔きもののレッスン十二か月』『布あそび―押絵の世界』（平凡社）、『アンティーク振袖』（世界文化社）、『ちりめんの押絵とつり雛とてまり』『ちりめんで作るお細工物』（小社刊）など著書多数。

日本人にとって、椿は最も大切な花のひとつではないでしょうか。花びらの真紅、花芯の黄、葉の深い緑が象徴的なこの花の、厳しい冬の寒さに耐えて春の訪れを知らせるようにして咲く姿は、いじらしくもあり、強さを内に秘めています。お正月の飾りや神事に供されるなど、古くから神聖な花ともされていて、一年中緑を絶やさないことから延命長寿、厄払いの意味が込められています。

また、椿といえば江戸の花。たいへんな椿愛好家であった二代目将軍秀忠は、日本全国から様々な椿を集め、城内で栽培をしていました。それが支配階級、そして庶民にまで広がり大流行したのです。江戸の街はきっと色とりどりの椿で溢れていたことでしょう。

日本の花
椿 TSUBAKI

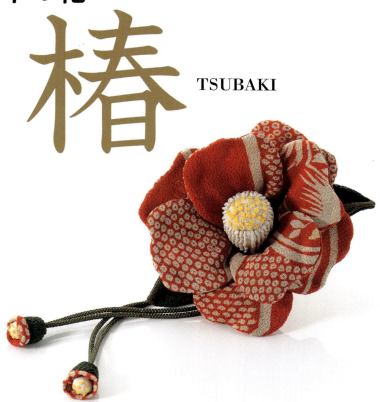

つり飾り
TSURI-KAZARI

椿とまりだけのつり飾り。椿は一重のもの、八重のものと花びらの重なりを変えて3種あります。同じ椿でも、ちりめんの柄のとり方でずい分と雰囲気が変わります。
作り方106ページ

TSUBAKI

お水取り
OMIZUTORI

お水取りとは、東大寺修二会で行われる法要の一つ。
天平勝宝4年（752年）から
一度も欠かさず行われているこの祈願法要には、
邪気を払う目的で椿の造花が
和紙で飾られます。
このお水取りの椿をちりめんで再現しました。
作り方105ページ

薬玉
KUSUDAMA

薬玉は薬用香料を束ねて袋に入れた
ものがそのはじまりで、
中国から伝えられたものです。
邪気を払い、長寿を願う縁起物として
端午の節句に飾りました。
椿を全面に配し、五色のひもを垂らします。
薬玉の直径20cm、房の長さ90cm（参考作品）

乙女箱
OTOMEBAKO
ぽったりと量感のある椿の花を立体的に押絵で仕立て、
ふっくらと丸みを持たせてふた飾りにしました。
内側の藤色がとても上品です。
作り方108、110ページ

屏風
BYOUBU

椿が大流行した江戸時代は、
それに伴い椿に関する書物や図録が
多く作られたといいます。
その中のひとつ『百椿図』の一部を
ちりめんの押絵で表現しました。
椿の土台は退色した銀色の帯。
背景は江戸ちりめんの江戸小紋を使用しました。
50×106cm（片側の寸法）　図案120ページ

きれいな箱があると、それだけで嬉しくなります。ただの無機質な紙の箱が、ちりめんを貼るだけで美しく変身します。「乙女箱」と名づけて、夢のある、大切な小物をしまいましょう。小さなハギレやお菓子の箱など、余ったものを上手に利用して作ります。

空き箱を利用するのが一番ですが、気に入った箱がなければ、箱から自分で作ります。ふたを飾る押絵は、花や行事など昔から日本で愛されてきたものです。着物のコーディネートのように、季節感の合った色や模様を組み合わせると調和がとれます。

乙女箱

OTOMEBAKO

花づくし
HANA-DUKUSHI

百合に牡丹、梅、菊に桜。
日本の美しい花をハートの一面に敷き詰めて花づくしに。
鮮やかな色合わせでも落ち着くのは、
ベースの黒と、緑の濃紺でまとめているからです。
多色を用いる場合は、まとまりを意識して配色しましょう。
型紙122ページ　図案124ページ

梅
UME

一本の枝に小さくて可愛らしい花をいくつもつける梅。
日本ではおめでたい花として古くから愛されてきました。
花びらはほっこりとした同系色でまとめ、
花芯にアクセントがつく色を用います。
型紙122ページ　図案124ページ

桜
SAKURA

輪郭にだけ桜色を用いて、花びらは色や柄で遊び、モダンな雰囲気にしました。
その場合もなるべく色数を増やしすぎないことが大切です。
内側には桜模様の千代紙を。抹茶のような緑を合わせてはんなりと。
型紙122ページ　図案124ページ

朝顔（丸）
ASAGAO

真上から花を覗き込んだような、デフォルメされたデザインです。
星のような形の花芯を中心に花びらを分割し、
柄布を一部入れて意識的に崩した配色が粋です。朝顔の清々しさ、清潔感を損なわないように。
型紙122ページ　図案125ページ

立体の花
RITTAINO-HANA

桜、朝顔、菊、牡丹、梅といった四季折々の花を、
両面押絵で作り、ワイヤーを入れて立体的に仕立てました。
多色づかいを最も効果的に見せる黒や、
縁どりの緑が効いています。
12.5×14.5×5cm（参考作品）

椿（ハート）
TSUBAKI

赤、黄色、緑の正統的な椿色でそろえました。
また、椿の花の色にもう一色欠かせないのが白です。
側面に使用したのは赤と白の縞。
コントラストの鮮やかさが目を引きます。
型紙122ページ　図案124ページ

椿（丸）
TSUBAKI

デフォルメした図案です。花びらの全てを異なる色にし、
少し複雑な配色にしてみました。
多くの色を入れすぎると、
まとまりがなくなりがちになるので注意します。
型紙122ページ　図案125ページ

朝顔(扇)
ASAGAO
扇面に描いた涼しげな朝顔です。
水色、紫、白で夏の朝の清涼感を出しました。
葉脈はちりめんの模様をうまく用いて。
箱の内側は同じく夏の花であるあざみ模様の千代紙をあしらいました。
型紙122ページ　図案124ページ

薬玉
KUSUDAMA

薬玉は色々な香料を入れた袋に
五色のひもを下げて厄除けとしたもの。
ベースのぼかし模様のちりめんが
幽玄的な雰囲気を演出します。
型紙122ページ　図案124ページ

鼓
TUDUMI

桜模様の小紋2種類で雅やかさを添えます。
側面および箱の内側は、
パッチワークのように多彩な色と柄で遊んでみました。
型紙12ページ　図案125ページ

雛人形
HINA-NINGYO

平安時代を思わせる、優しいパステルトーンで統一しました。
上箱側面の華やかな色彩は、
お祭りや神事などに用いられる
日本の伝統的な配色です。
型紙123ページ　図案125ページ

かぐや姫
KAGUYAHIME

故郷の月を思い浮かべ、かぐや姫は何を思うのでしょう。
おぼろ月夜は銀色に冷たく光る月と
グラデーションのようなぼかし模様のちりめんで表し、
幻想的な雰囲気を表しました。
型紙123ページ　図案125ページ

動物

DOUBUTSU

　動物は古くから守り神として、縁起物として、また、昔話や言い伝えの主人公として、私達の暮らしに欠かせない存在でした。花や植物同様、自然界の一部として身近な題材とされ、時には擬人化してコミカルにしたり、その愛らしい表情やしぐさを愛でたりと、お細工物にも多く登場しています。また、十二支はその年を守る役割を持ち、その一年の主役の動物として大切にされています。
　動物を慈しむ気持ちは、いつの時代もかわらないようです。

にわとり袋
NIWATORI-BUKURO

尾と羽をカラフルで装飾的にした袋物にしました。
十二支でいうと酉（とり）。
酉は「取り」と同じ読みが転じて、
「福を取る」ともいわれ、酉の市の熊手といった
縁起物にも結びつけられています。
作り方111ページ

犬張子の額
INUHARIKO

平安時代に厄除けとして置かれていた狛犬が、玩具化したものが犬張子です。犬は多産で安産なことからも、出産祝いや子供の健やかな成長を祈願するようになり、犬張子は江戸を代表する玩具となりました。
ベースのパステルトーンと、中央の水玉小紋が可愛らしい組み合わせです。
50×105cm　図案127ページ

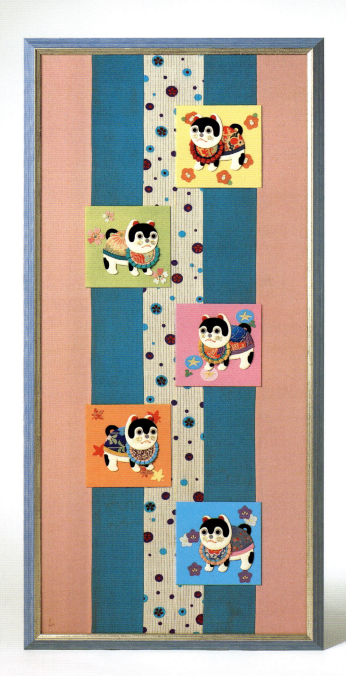

猿の熊手
SARU NO KUMADE

熊手には収穫や幸福を取り込むという意味を込められています。
さらに縁起物を飾りつけ、飾り熊手として酉の市で売られるようになりました。
災い去るのさるをかけて
桜の下に座らせて、万事おめでたく。
(参考作品)

猫巾着
NEKO-KINCHAKU
押絵をアップリケしたら、可愛らしい巾着ができました。
巾着はシンプルな袋物ですが、
形や寸法を変えて複数持つと、とても便利です。
日本の伝統的な配色である赤、白、黒を意識して。
作り方116ページ

うさぎ巾着
USAGI-KINCHAKU
隣ページの猫巾着とペアで作りました。
色数を押さえた分、
赤と白のコントラストがより清々しく、映える配色です。
押絵はお好きな図案をアップリケして楽しんでください。
作り方116ページ

うさぎ雛と帯留め
USAGI-BINA OBIDOME

江戸ちりめんで作った宝袋をうさぎに着せて、お雛様にしました。
男雛は長い耳をたらし、
女雛はぴょんと立てて、花飾りをつけます。
帯留めは桜にうさぎ。帯留めにも置き飾りにもなります。
うさぎ雛の作り方112ページ

猫袋と針刺し
NEKO-BUKURO HARISASHI

湯のみ茶碗やお猪口などの器で作るお針刺しです。
市松模様のうさぎは、お花の中に隠れるように。
針刺しの猫は、袋口を作らずにして器に乗せました。
針休めのお供に。
作り方 うさぎの針刺し113ページ／猫袋114ページ

おしゃれ小物

OSHARE-KOMONO

　おしゃれとは楽しみであり、遊びでもあります。かつて日本のおしゃれといえば着物で、季節感やしきたりを大切にし、また、その中にも遊び心をひそませていました。現代では規制はほとんどなく発想も自由になり、おしゃれの幅はますます広がってきています。おしゃれは時代と共に常に変化していくもの。しかし、本当にいいものは時代を越えて愛されます。

　古い時代のちりめんを使って、現代のおしゃれに合うような小物を作りました。着物に合わせればしっくりと、お洋服に合わせてもモダンなおしゃれを楽しめると思います。

太縞巾着
FUTOJIMA-KINCHAKU

赤と灰色に黒を配した、落ち着いた色合わせです。
口べりとひもに青と紫を加えて彩りを添えます。
ひも先飾りは花模様を中心にくるようにとり、
つぼみのように可愛らしくしました。
作り方119ページ

ショール 1
SHŌRU

振袖に合わせたい艶やかなショール。
もちろん洋装に合わせても、モダンな装いで素敵です。
江戸ちりめんの残布をパッチワークしました。
黒地に明るい色を合わせて。
34×125cm（参考作品）

ショール 2
SHŌRU

数種類の江戸小紋をパッチワークして、
黒地にこちらは落ち着いた色を合わせて、大人っぽい配色にしました。
渋みのある色の間に、鮮やかな青や茶を加えて単調にならないように。
上品な大人の装いに合うと思います。
38×162cm（参考作品）

マフラー1
MAFURĀ

多色柄づかいの配色です。非常に難しい配色ですが、
無地色のトーンをそろえて所々に配置し、まとまりを出しました。
20×149cm（参考作品）

マフラー 2
MAFURA

様々な日本の色、しかも原色の組み合わせが楽しい作品です。
これだけ多くの色をちりめんでそろえるのは大変ですが、
どんな小さなハギレも大切に集めておきましょう。
原色の組み合わせは、晴れの日の色とされています。
20.5×156cm（参考作品）

縞巾着
SHIMA-KINCHAKU

紫系と青系でそれぞれ色味をそろえました。柄ものと、柄に含まれている色の無地という同系色の組み合わせは、まとまりがあり上手に配色ができるのでおすすめです。
作り方117ページ

市松巾着
ICHIMATSU-KINCHAKU

どちらも正方形を市松につないで作りました。
無地、または無地感覚の大きな柄に、小さな柄を組み合わせます。
つなぎ目に押絵や小間物を飾り、愛らしく仕上げました。
作り方118ページ

日本の花
桜
SAKURA

　日本人ほど桜が好きな民族はいないのではないでしょうか。開花と共に春の訪れを感じ、満開の頃には埋め尽くされた花の一面桜色の世界に圧倒され、散りゆくはかなさに無常観を感じる。ひとつの花に一喜一憂し、季節の移ろいを大切にしてきた先人達の豊かな感受性は、今の時代の私達にも受け継がれています。

　桜吹雪、しだれ桜、山桜、夜桜、どのような光景でも絵になるところも魅力のひとつといえるでしょう。

枝桜
EDAZAKURA
桜の向こうにかすむ遠山の光景を、遠近感を出しながら描きました。
桜の繊細な色調を全体に表現しています。
58×28cm

桜うさぎ
SAKURAUSAGI

ベースを江戸小紋と江戸ちりめんのぼかしでシックにまとめたのに対し、縁を赤、青、白の3色ぼかしで華やかさを強調しました。桜の花は思いきり艶やかに。
58×37.5cm

舞妓さん
MAIKOSAN
桜と舞妓、華やかなもの同士の雅びな取り合わせです。
着物や帯はまさに日本の色。
柄や模様の配色は、そのままお細工物の配色の参考になります。
50×105cm　図案125ページ

舞妓さんの乙女箱
MAIKOSAN NO OTOMEBAKO

お菓子の箱など、お手持ちの空き箱に押絵を貼るだけで、
あなただけの乙女箱のでき上がりです。
小紋などの小さな柄でミニチュアの着物や帯を
作ってください。
図案125ページ

羽子板には大きく分けて二つの種類があります。ひとつは羽根つきをして遊ぶ比較的簡素なものと、お正月や縁起物として飾る観賞用のものです。観賞用の羽子板は押絵などで装飾をし、男物は不景気をはねのける縁起物としてお店などに飾られ、女物は女の子のお祝いとして飾りました。
　羽根つきの羽根は、ムクロジの実に鳥の羽をつけたものが使われましたが、この羽根が飛ぶさまが、虫を食べるトンボに似ていることから虫除けのおまじないとされ、それが新春の厄除けになると信じられるようになったそうです。
　いずれにせよ、福をもたらす縁起物として今日まで親しまれています。

羽子板
HAGOITA

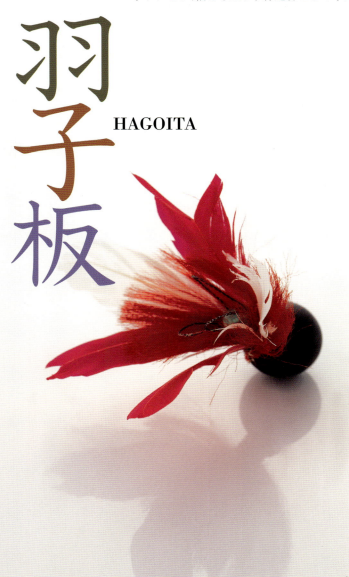

つまみ細工の羽子板
TSUMAMIZAIKU

四角い布を折りたたんでいくつまみ細工は江戸時代に人気のあった手芸です。
薬玉を配した豪華な羽子板は昭和初期のアンティーク。

12か月の花
JUUNIKAGETSU NO HANA

1月 梅

2月 椿

3月 桜

7月 撫子

8月 朝顔

9月 菊

一年を通して彩る美しい日本の花。ベースは市松、鱗、縞、ひし形、立涌といった日本の伝統的な紋様をパッチワークで表現しました。持ち手は髪飾りなどに使われた大正時代のしぼり柄です。1本15×6cm

4月 藤

5月 牡丹

6月 あやめ

10月 萩

11月 山茶花

12月 水仙

鳥獣戯画
CHOUJŪGIGA

うさぎ、蛙、猿などの動物が相撲や水遊びなどをする、人間の風俗を擬人化して描かれた鳥獣人物戯画。
コミカルな動物達の生き生きとしたのびやかな姿を、春の風景に描きました。
ベースの繊細なぼかし模様や、桜の花の色が、平安朝の優美ではんなりとした雰囲気です。
1本15×6cm

猿蟹合戦
SARUKANIGASSEN

柿をひとり占めしようとして蟹に意地悪をした猿が、臼、蜂、栗に成敗されるという昔話。
ずるがしこそうな猿に、絶妙のチームワークで挑む姿がユーモラスです。
茶系でまとめながらも、ベースにはぼかしの入ったひかえめな紫を合わせました。
１本15×6cm

古来日本では、神への供え物をする際には生臭いものを添えるという風習がありました。臭気の強いものは、邪悪なものを防ぐとされていたのです。供え物のひとつであった鮑は、貴重なものであったのと、日持ちさせるとうい理由から薄く伸ばし（のす）干したものが供えられるようになりました。これが熨斗鮑です。江戸時代になると熨斗鮑は不老長寿、おめでたいものとされ、祝事、慶事などの贈答品に添えられました。

　現代では鮑は黄色い紙で代用し、または鮑を和紙で包んだ形そのものを熨斗としています。飾り熨斗は水引細工や押絵などで装飾したものです。お祝い事や縁起物として飾ります。

飾り熨斗 KAZARI-NOSHI

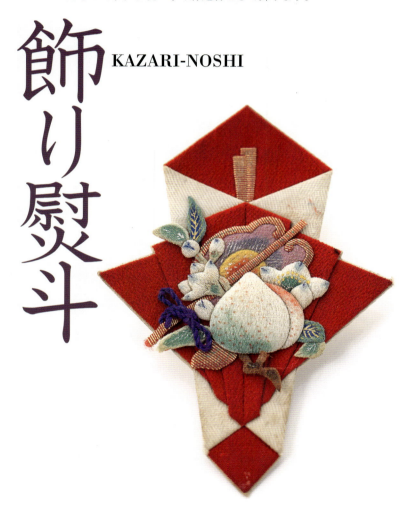

桃と唐人
MOMO TO TOUJIN
唐人と桃が描かれた異国情緒のある唐絵のような熨斗。(左ページ共にアンティーク)

五節句
GOSEKKU

人日は七草、上巳は桃、端午は菖蒲、七夕は笹、重陽は菊。
一年の節目ごとに行なわれる五つの節句です。
すべて江戸ちりめんを使用し、
モールもアンティークのものです。
日本の心の色を絶妙に配色した作品。
色を使うことの楽しさが伝わると思います。
箱の大きさ20×90×4cm（参考作品）

唐子が乗ったまり
KARAKO MARI
参考作品

弓岡勝美が選ぶ 日本の心の色 100

カラーコーディネートレッスン

　たくさんある日本の伝統色の中から、私個人が感じる「日本の心の色」を100色選びました。さらに、その色々を中心となる11色に分けて解説しています。

　なぜこの11色かというと、私たちが生活を営んでいる中で、喜びや悲しみを分かち合う時の色というように、心を表現する色というのがあると考えたからです。例えば、嬉しい時などのお祝い事はどういう色で表現したのだろうと考えると、熨斗を例にとると分かりやすいのですが、赤、白、金、銀、で表現されているのが分かります。逆に悲しい時はというと、黒、白、銀で表されます。

　また、私たちが生活を営んでいくために必要なものをみてみましょう。水、海、空の青。太陽の赤。山や草木の緑。緑を育てる大地の茶色。日本人の好きな花である桜の花は桃色。生活に必要な小判の山吹黄色。そして日本人が最も愛した色、紫。

　私たち日本人が生活していくうえで必要な色を基本色とし、これを称して「日本の心の色100」としました。

太陽の色。血の色。火の色。
赤は人間が生きていく根源をなす色です。この生命を尊ぶ気持ちは、魔除けの意がもたらされ、転じて幸運を招くお祝いの色ともされるようになりました。紅白の水引き、お赤飯、だるま、伏見稲荷の鳥居、朱肉というように、縁起物、お祝い事には欠かせない色であります。

日本の代表的な赤といえば、朱、緋、紅、茜、臙脂など。白や金などを合わせた華やかで艶っぽい色合わせは、振袖などによく見られます。また、粋な使い方としては、寒色系や無彩色の中にアクセントカラーとして用いる方法です。華やかで艶やか、情熱的な色といえるでしょう。

赤のカラーコーディネート

象徴的なものとしては、やはり日の丸があげられます。白地に真っ赤の円。対照的なこの2色の組み合わせは、日本の最も特徴のある配色といえます。また、花嫁衣裳や歌舞伎の衣裳などに見られる、金銀などを加える豪華な色合わせもあります。

赤は存在感があり主役となる色ですから、あまりお互いが主張しすぎない色を合わせるとよいでしょう。

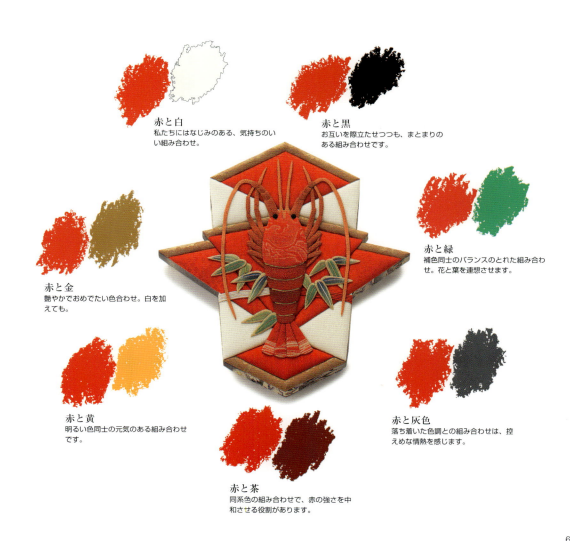

赤と白
私たちにはなじみのある、気持ちのいい組み合わせ。

赤と黒
お互いを際立たせつつも、まとまりのある組み合わせです。

赤と金
艶やかでおめでたい色合わせ。白を加えても。

赤と緑
補色同士のバランスのとれた組み合わせ。花と葉を連想させます。

赤と黄
明るい色同士の元気のある組み合わせです。

赤と灰色
落ち着いた色調との組み合わせは、控えめな情熱を感じます。

赤と茶
同系色の組み合わせで、赤の強さを中和させる役割があります。

日本の心の色100—赤

茜雲　緋毛氈　緋寒桜　紅蓮　紅一点　紅絹　朱雀

1 紅色（べにいろ）　2 緋色（ひいろ）　3 朱色（しゅいろ）
4 茜色（あかねいろ）　5 臙脂色（えんじいろ）　6 檜皮色（ひわだいろ）
7 真赭（しんしゃ）　8 蘇芳色（すおういろ）　9 海老茶（えびちゃ）
10 小豆色（あずきいろ）　11 柿色（かきいろ）　12 樺色（かばいろ）

AKA
赤巾着
作り方116ページ

MIDORI

山の木々、瑞々しい若葉、特に日本の緑といえば、松竹梅に代表される松と竹が挙げられます。松は一年中枯れない常緑樹、竹は生長が早く長寿といったおめでたいものぞろいの縁起の良い植物です。

四季の移ろいと豊かな自然から、日本では様々な緑が生まれました。若葉色、青竹色、柳色といったように、植物の名前をつけた色が多くあります。また、抹茶や鶯のような渋みのかかった緑も日本の特徴的な色といえるでしょう。

若々しく生命の息吹を感じさせる色。幼い子供を「みどり子」と呼んだり、艶のある美しい黒髪をさす「みどりの黒髪」といった古くからの表現からもうかがえます。

のカラーコーディネート

緑は明るい色ととても合わせやすいです。それは緑が葉の色であり、色とりどりの花と対になっているからでしょう。明るい緑は自然の美しさを、若草のような淡い緑は平安調の雅びな印象を、渋みのある緑は同じく渋い色と組み合わせると、江戸調の粋な色合わせになります。また、唐草模様のような、緑と白のコントラストのある配色も、合わせやすい配色です。

図案126ページ

緑と赤
補色同士の組み合わせ。大輪の花と葉といったところ。

緑と桃色
渋みのある緑と薄い桃色は上品な色合わせです。

緑と草色
同系色のグラデーションで清々しい印象に。

緑と紫
濃い紫なら杜若や菖蒲、薄い紫なら藤の花を連想させます。

緑と茶色
黒を加えれば、歌舞伎の定式幕の色合わせです。

緑と橙色
明度を同じくらいにそろえて、落ち着いた柔らかい色合わせに。

緑と白
さわやかで瑞々しい印象があります。

日本の心の色100―緑

緑見(みどりご) 緑雨(りょくう) 緑青(ろくしょう) 新緑 万緑 若葉風 鶯豆 柳行李

13 黄緑(きみどり) 14 鶸色(ひわいろ) 15 若葉色(わかばいろ) 16 萌黄色(もえぎいろ)
17 草色(くさいろ) 18 鶯色(うぐいすいろ) 19 柳色(やなぎいろ) 20 抹茶色(まっちゃいろ)
21 山鳩色(やまばといろ) 22 緑(みどり) 23 常盤色(ときわいろ) 24 青竹色(あおだけいろ)
25 深緑(ふかみどり) 26 浅緑(あさみどり) 27 白緑(びゃくろく) 28 青磁色(せいじいろ)

MIDORI
きゅうり袋と針刺し
作り方 針刺し113ページ、きゅうり袋115ページ

MOMOIRO

春の色。桜花の色。桃花の色。
桃色、淡紅色、今でいうピンクといえば、まず思い浮かぶのは桜の花ではないでしょうか。繊細でごく淡い色をしたその花は、満開の美しさ、散りゆくはかなさで人々を魅了します。また桃の節句に用いられる桃の花は、赤みをたたえたほっこりとした色合い。このほかにも薄紅色、紅梅色、鴇色、撫子色といったようにいくつもの表情がある色でもあるのです。
この色に染める紅花は平安時代はとても高価な染料で、庶民にはごく少量の染料で染めた淡いピンクしか許されていませんでした。そのために色あせしやすく、いつしか「うつろいの色」として、男性の恋心とかけて呼ばれました。
優しい、柔らかい、甘いはかなさ。まさに女心を象徴する色です。

桃色のカラーコーディネート

女性らしく華やかで優しい配色にしたいものです。しかし甘くなりすぎないよう注意してください。明るい色と合わせれば快活で元気な印象に、また、彩度の低い落ち着いた色と合わせれば、優雅で落ち着いた印象に。無彩色と合わせると、桃色の明るさが引き立ち、落ち着いた、かつスタイリッシュな色合わせになります。

桃色と紫
上品な色合わせ。紫は濃い目のものを選んでください。

桃色と茶色
優雅で落ち着いた組み合わせ。彩度は同じくらいのものを。

桃色と緑
明るい緑よりも、少しにごりのある渋みがかった緑が合います。

桃色と黒
桃色の甘さを黒が引き締めます。

桃色と水色
対比する色同士の組み合わせで、モダンな印象に。

桃色と灰色
黒ほど強くなく、しっとりとした落ち着いた組み合わせ。

桃色と白
淡くてほんのりした、柔らかい印象。

図案126ページ

日本の心の色100―桃色

桃の節句　桃源郷　桜魚　桜貝　桜餅　鴇草　珊瑚礁

29 牡丹色（ぼたんいろ）　30 躑躅色（つつじいろ）　31 薄紅（うすくれない）

32 撫子色（なでしこいろ）　33 紅梅色（こうばいいろ）　34 桃色（ももいろ）

35 桜色（さくらいろ）　36 鴇色（ときいろ）　37 珊瑚色（さんごいろ）

**MOMOIRO
針刺しと羽子板**
針刺しの作り方113ページ

青 AO

空の色、海の色、夏の色。

日本の青の代表的なものといえば藍です。藍は染料そのものを示す言葉で、人類最古の染料のひとつとされています。藍の葉には強烈な臭いがあり防虫効果があったため、農夫や旅人が身を守るために着用するようになり、庶民の日常着ともされました。日本の制服に紺色が多いのにもうなずけます。

特に江戸時代は浮世絵、のれん、ゆかた、手拭い、染付けなど、日本独自の藍の文化が発達したといわれています。清潔感を好む日本人にとって、藍と白の組み合わせはこの上ない色合わせとして愛されました。

澄んでいて静か、清涼感、さわやかな印象の色です。

青のカラーコーディネート

青と白というコントラストのはっきりとした組み合わせは、日本人の最も愛する配色のひとつといえます。また静かで穏やかな印象のある青ですが、合わせる色によって表情が変わります。明るい色を合わせることによって動きが出ますし、彩度の低い色と合わせるとさらに落ち着いた印象になります。明度と彩度のバランスで、奥行きのある組み合わせを作ることができます。

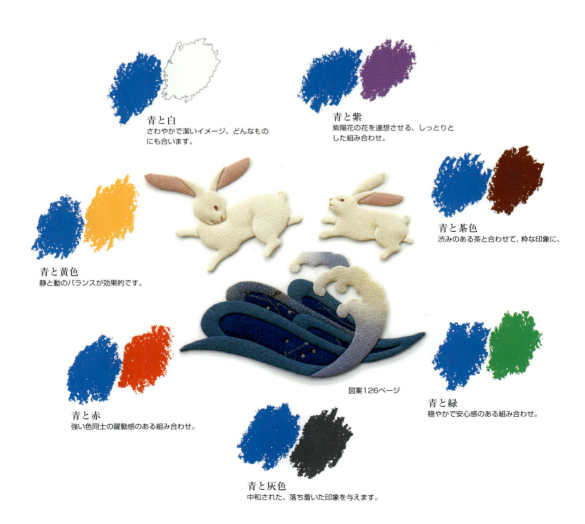

青と白
さわやかで潔いイメージ。どんなものにも合います。

青と紫
紫陽花の花を連想させる、しっとりとした組み合わせ。

青と黄色
静と動のバランスが効果的です。

青と茶色
渋みのある茶と合わせて、粋な印象に。

青と赤
強い色同士の躍動感のある組み合わせ。

図案126ページ

青と緑
穏やかで安心感のある組み合わせ。

青と灰色
中和された、落ち着いた印象を与えます。

日本の心の色100―青

青海原　青雲　青時雨　青簾　青麦
　　　　　浅葱幕　水々しい　藍なめし　紺絣

AO
青巾着
作り方116ページ

茶色

CHAIRO

大地の色。樹の色。秋の色。
茶色は飲むお茶の色からその名がきています。お茶を煮出した汁で染めた色を茶色としました。日本のお茶文化といえば、千利休が確立した茶の湯があります。佗び寂の簡素で趣のある情感は、繊細な日本人ならではの感性といえます。また、茶色は江戸時代の流行色でもあります。「四十八茶百鼠」といわれるように、さまざまな種類の茶色が出回りました。中でも歌舞伎役者の名をつけた色が流行し、有名なところで市川団十郎の団十郎茶、瀬川菊乃丞の俳号からとった路考茶などです。
大人っぽい、落ち着いた上品な印象のある色です。

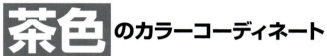
茶色のカラーコーディネート

茶色の魅力は、大地や木のように落ち着いたイメージがあるのと同時に、洒落た洗練された表情もあることでしょう。
柔らかい自然の色調と合わせてもいいでしょうし、渋みの色、もしくは色気のある色と合わせて粋な雰囲気にしてもいいでしょう。私たちの生活空間に最もしっくりくる色が茶色ではないでしょうか。

茶色と桃色
甘い色と合わせて大人っぽく。

茶色と黄色
同系色の組み合わせは安心感を与えます。

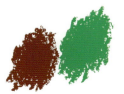

茶色と緑
彩度のバランスで静かにも賑やかにもなる組み合わせ。

図案126ページ

茶色と黒
落ち着いた渋みのある組み合わせ。

茶色と橙色
暖かな色み同士の落ち着いた組み合わせです。

茶色と紫
紫は濃いめのものでも、薄めのものでも合います。

茶色と赤
赤は渋みのあるものを。秋を連想させる組み合わせです。

77

日本の心の色100—茶色

茶目っ気　名残の茶　詫び茶
　　　　茶宇縞　茶かぶき　茶人　狐格子　圡の肌

CHAIRO
茶色巾着
作り方119ページ

紫 MURASAKI

桔梗、藤、杜若。薄い色から濃い色まで、さまざまな紫の花があります。
昔から紫は高貴な色として尊ばれてきました。染料がたいへん高価だったからとういうことだけではなく、この色の持つ気品や、妖艶な魅力に人々が心が惹きつけられたからでしょう。推古天皇が制定した冠位で最も位の高い色とされたことにはじまり、平安時代は貴族たちに特に好まれ、庶民が身に着けることが許されない禁じられた色でした。江戸時代になると自由に着られるようになり、歌舞伎『助六』の主人公がしめている紫の鉢巻きは、江戸の粋を象徴する紫でした。東の江戸紫に対して、西は京紫。こだわりが現れる色です。
雅、妖艶、気高さ、神秘的な印象を持つ色です。

のカラーコーディネート

　華やかな印象が強い色ですが、合わせる色によっては落ち着いた印象にもなります。濃いめの紫に同じトーンの深みのある色を合わせると格式が生まれ、薄い紫にはやはりトーンをそろえれば渋みのある色にも、明るい色にもよく合います。この色の持つ上品さを損なわないよう気をつければ、洗練された配色になるでしょう。

紫と白
コントラストが清々しい色合わせ。清潔感があり、粋な印象。

紫と桃色
はんなりとした、優しい印象に。

紫と黒
江戸好みの着物にありそうな、粋な色合わせ。

図案126ページ

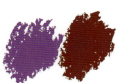

紫と茶色
渋みのある、大人っぽい組み合わせです。

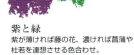

紫と緑
紫が薄ければ藤の花、濃ければ菖蒲や杜若を連想させる色合わせ。

紫と黄色
明るい黄色と合わせると活動的に。渋めの黄色だとシックに。

紫と藤色
紫同士の組み合わせで、気品と奥行きのある印象に。

日本の心の色100—紫

紫陽花　山紫水明(さんしすいめい)　紫雲
　　　　紫煙　千紫万紅(せんしばんこう)　若紫　藤壺　藤娘

65 茄子紺（なすこん）

66 青紫（あおむらさき）

67 菫色（すみれいろ）

68 桔梗色（ききょういろ）

69 紫苑色（しおんいろ）

70 藤色（ふじいろ）

71 紫（むらさき）

72 京紫（きょうむらさき）

73 江戸紫（えどむらさき）

74 古代紫（こだいむらさき）

75 菖蒲色（しょうぶいろ）

MURASAKI
紫巾着
作り方116ページ

KIIRO

イチョウの色。たんぽぽの色。収穫の色。
豊かに実る黄金の稲穂と、小判の色。農耕民族である日本人にとって、秋に迎える稲の実りは特別なものとして神聖視されてきました。黄色は収穫の色であり、富であり、豊かさを象徴する色ではないでしょうか。
黄色は明度が高い色、それゆえに目立つ色、人を引きつける色でもあります。その明るさは生命力に満ち、また、黄色地に縞や格子の入った織物である黄八丈は、江戸の町娘たちの間でたいへん人気がありました。町娘が生命の輝きに満ちたこの色を好んだのは、互いに惹かれるものがあったからでしょう。
輝きがあり、ちょっと危険、しなやかな色ではないでしょうか。

黄色のカラーコーディネート

鮮やかな黄色は明るい色と合わせると、より輝きを増し、元気な配色となります。菜の花やひまわりといった、元気な花をイメージしてみましょう。また、少し彩度を落とした落ち着いた黄色なら、しっとりとした穏やかな組み合わせに。優しい印象の色合いに変わります。

力のある色なので、バランスを上手にとるよう心がけましょう。

黄色と緑
明るい元気な組み合わせ。野に咲く花のイメージです。

黄色と灰色
無彩色と合わせると、モダンな印象になります。

黄色と紫
華やかで目を引く組み合わせです。

黄色と黒
黄色の明るさを引き立たせます。なにより目立つ組み合わせです。

黄色と茶色
一面に広がる稲穂を連想させます。豊かで安定した印象。

図案126ページ

黄色と桃色
平安朝の雅びな組み合わせ。彩度は低いもの同士を。

黄色と橙色
太陽の光のような、明るくうららかな組み合わせ。

日本の心の色100—黄色

黄砂　黄梅(こうばい)　黄昏(たそがれ)　黄八丈　黄金の波

KIIRO
椿袋と羽子板
椿袋の作り方106ページ

白黒
SHIRO　KURO

白は雪の色、白鳥の色、夜が明けることを夜が白けるともいいます。何ものにも染まらないすべての原点であり、はじまりの色です。また、白は神の色とされ、神聖を表現する色とされました。純真無垢で清らかな白は、花嫁の白無垢に象徴されるのではないでしょうか。純白は永遠の憧れといえます。

黒は夜の闇の色。「暮れ」が「くろ」になりました。すべての光を吸収し、すべての色を含んだ色です。墨染めは、かつては下層の色とされていました。また死を意味する色でもあり、喪に服す色ともされました。お祝いの席で既婚者が黒留袖を着るのは、何色にも染められないという意味があります。制限が多い色のように感じますが、時代を経て、江戸時代には黒の小袖や紋付が大流行し、現代でもモダンな色として人気があります。

白黒のカラーコーディネート

白と黒、その中間にある灰色、これらはすべて無彩色です。比較的どの色とも合わせやすいといえるでしょう。白は合わせる色によっていくつもの表情が生まれます。灰色は調和が取りやすく、落ち着いた印象になります。黒は相手の色を引き締め、クールでモダンな印象に。また、白と黒は「白黒つける」という言葉があるように、明度差のはっきりした組み合わせ。私たちになじみのある配色のひとつです。

白と黒
不祝儀の色ともいわれますが、バランス次第でモダンな色合わせに。

白と赤
祝儀の色。おめでたい雰囲気を出したい時に。

白と緑
鮮やかな緑は唐草模様を。ひかえめな草色は楚々と咲く花のイメージ。

黒と赤
豪華で艶やかな印象に。無彩色と有彩色のコントラストが美しい。

黒と紫
モダンで粋な色合わせ。ほのかに香る色気があります。

灰色と桃色
優しく、穏やかな気持ちにさせる組み合わせです。

灰色と青
濃紺など落ち着いた青と合わせると、粋な印象に。

日本の心の色100—白黒

白粉　白鷺　白白と
　　白雪　白酒　白装束　白米　黒アゲハ　黒羽二重

89 白（しろ）
90 灰白色（かいはくしょく）
91 銀鼠（ぎんねず）
92 灰汁色（あくいろ）
93 灰色（はいいろ）
94 鉛色（なまりいろ）
95 茶鼠（ちゃねず）
96 利休鼠（りきゅうねずみ）
97 墨色（すみいろ）
98 橡色（つるばみいろ）
99 憲房色（けんぼういろ）
100 漆黒（しっこく）

SHIRO
押絵牡丹
図案126ページ

金銀
KIN　　　GIN

折り紙のセットに入っている紙質が異なる2枚。金、銀は日本の色の中でも特別な存在です。色というよりは、材質そのもので、金糸、銀糸、金箔、銀箔など、主に刺しゅうや工芸品に用いられてきました。金、銀の持つ高貴さは神の色とされ、おごそかな印象を与えます。

銀一色の水引きは、不祝儀用として用いられています。欧米では逆にお祝いの贈り物には銀一色を用いる風習があるといいますから、日本ならではの文化といえるでしょう。

それに対して金はおめでたい色。小判、祭りのみこし、障壁画といった豪華なものが挙げられます。また豊臣秀吉の黄金の茶室に代表されるように、富の象徴でもあったのです。

どちらも、メインで使うというよりは、アクセントカラーとして用いるのが上品な使い方といえます。

銀のカラーコーディネート

銀はとても上品な色です。白銀の世界、銀ぎつね、銀貨。気高く、孤高な印象ですから、あまり冷たい雰囲気になりすぎないよう注意しましょう。明るい色と合わせるとモダンな感じに。黒や白などの無彩色と合わせると、不祝儀の色合わせになるので気をつけましょう。シックにまとめたい場合でも、一色は明るい色を加えるといいようです。

銀と白
私たちにはなじみのある、気持ちのいい組み合わせ。

銀と黒
お互いを際立たせつつも、まとまりのある組み合わせです。

銀と赤
艶やかでおめでたい色合わせ。白を加えても。

銀と青
落ち着いた色調との組み合わせは、ひかえめな情熱を感じます。

銀と緑
翡翠のような緑と合わせると、モダンになります。

図案127ページ

金のカラーコーディネート

銀を月に例えるなら、金は太陽といえるでしょう。緋色や紫に金糸で刺しゅうをした振袖などは、まさに豪華絢爛です。また、赤、白、金の組み合わせは日本古来のお祝いの色です。ただし、あまりに多用したり、使い方を間違えると、かえって金の品格が落ちてしまうので、ほどほどに押さえましょう。メインカラーというよりは、アクセントに用いる程度に留めてください。

金と紫
豪華で艶やか。紫のちりめんに金糸の刺しゅうなども素敵です。

金と赤
艶やかで、おめでたい組み合わせ。

図案127ページ

金と白
豪華で気高い組み合わせです。

金と紺色
鮮やかな金を深めの紺色で押さえて調和させます。

金と黒
蒔絵を連想させる、上品な組み合わせ。

日本の心の色100―金銀

金屏風　金星　金色夜叉　純金
　　　純銀　銀杏　銀器　銀舎利　銀世界　銀文字

KIN
祝儀箱と亀
（参考作品）

GIN
てまり
（参考作品）

色のコンビネーション
二色づかい

白と赤

白と黒

作り方116ページ

日本の色はひとつの色だけをみるより、色と色を合わせることによってその魅力が生きてきます。単色だけよりも他の色を合わせることによって、色彩により奥行きや深み、表情が生まれるのです。「十人十色」という言葉があり、それぞれ独自の好みの配色があるのですが、ここでは弓岡流のお細工物の配色例をご紹介いたします。

　二色の配色では、同系色の配色、反対色の配色、その他に明度や彩度の違いによる配色が考えられます。

　特に私が好きな配色は、白をベースとしたものです。日本人にとって白はコーディネートしやすく、相手の色をはっきりときれいに見せる色なのです。例えば、白と赤、白と黒、白と紺（藍）、白と緑、白と紫、白と茶色などがそうです。

　色同士で合わせやすいのは、緑を用いた配色です。これは、植物の葉の緑と花の色とを考えるとわかりやすいでしょう。例えば、緑と赤、緑と黄色、緑と桃色などです。

　また、白と同じように黒も相手の色を上手に引き立ててくれ、より相手を強調してもくれます。黒と黄色、黒と赤、黒と金も素敵です。

　金の組み合わせにも、とても日本的なものを感じます。最も古いとされる正倉院の古文書は、青地に金の文字で書かれていました。金は時間と共に変色してしまいますが、あせて渋みのある金を、鮮やかな赤や彩度の高い色と合わせると、奥行きのある配色になります。

紺と黄色

赤と金

赤と白

紺と金

色のコンビネーション
多色づかい

日本人は古くから優れた色彩感覚を持っていました。四季の移ろいのように繊細な色合わせや、晴れの日の原色のぶつかり合い。雛祭り、七夕、お酉さんの熊手、羽子板、お祭り、花火、千羽鶴、かるた…。私たちの生活は多彩な色に囲まれていることがわかります。生活に根ざしたものの中から配色のヒントを得て、多色づかいのお細工物の参考にすることができます。

赤、桃色、緑

紫、黄色、緑、藤色

水色、桃色、紫、赤

赤、紫、緑

赤、紫、黄色、桃色

桃色2色、赤、白

＊三色づかいの例
赤、白、金（熨斗袋、花嫁衣裳）●○●
黒、白、銀（不祝儀袋）●○●
黒、赤、白（花札、だるま、隈取り）●●○
茶、緑、黒（歌舞伎の定式幕）●●●
黒、赤、紫（歌舞伎「助六」）●●●
藍（青）、白、赤
（ハッピ、印半纏、刺青）●○●

＊五色
　鯉のぼりや七夕の五色の短冊、ねぶた祭りなどに代表されるように、お祭りなどの際に並ぶ明るい色は、五色という考え方からきています。これは中国思想の五行説が基となるのですが、森羅万象のすべてを五つに分け、それぞれが関係し合うとうい考えで色も五つに分けられました。日本の五色は緑、赤、黄、白、紫。これに黒を加えた多彩な色合いは、庶民の普段の質素な暮らしから解放された時の特別な色彩として用いられてきました。
●●●○●

多色柄づかいの組み合わせ

巾着の作り方116ページ

多色づかい
まりのつり飾り（参考作品）

古布やちりめんに出会えるお店

壱の蔵 http://ichinokura.info/ 共通
◆**青山サロン 和ぶんか塾**
〒107-0061 東京都港区北青山3-10-6 第2秋月ビル2F
TEL 03-6450-5701 FAX 03-6450-5702
営業時間／11:00〜18:00 定休日／基本的に無休 日曜日は予約制
本書著者・弓岡勝美さんがオーナーを務めるアンティーク&リサイクル着物のお店。もともとはヘアー&メイクや着付け、スタイリストなどの撮影の仕事で活躍し、アンティーク着物やお細工物のコレクターでもある著者の感性が生きた商品揃えのサロンです。新しいものから希少なものまでご覧いただけます。また大きな特徴は、「和ぶんか塾」という体験スペースがあること。お茶や歌舞伎、書や香など、和文化を普段の暮らしの中に取り入れて楽しんでもらいたいという思いから生まれました。弓岡さんならではの人脈で実現している各界一流の講師陣による文化講座です。どなたでも参加できます。

◆**原宿店 ギャラリーKURA**
〒150-0001 東京都渋谷区神宮前1-15-1-003
TEL & FAX 03-5474-2281
(弓岡オフィス・着物買取り部) TEL 03-6450-5701
営業時間／AM11:00〜PM6:00 定休日／無休
明治・大正・昭和初期〜現代の着物や帯など、大量に揃えています。詳しくはお問い合わせ下さい。アンティーク着物をはじめ、着物全般いつでも買取りもしています。

◆**松屋銀座店**
〒104-8310 東京都中央区銀座3-6-1 7F
TEL 03-3567-1211 (大代表)
営業時間／AM10:00〜PM8:00 定休日／不定休
銀座・松屋の7階にあるお店。上質な着物や帯などを中心に、ハイセンスな品揃えです。

◆**成城店**
〒157-0066 東京都世田谷区成城6-15-9
TEL 03-5429-2528
営業時間／PM12:00〜PM6:00 定休日／水曜日
お買得な上質リサイクル着物・帯を中心に、普段着からフォーマルまで揃うセレクトショップ。

うめむら
〒431-3122 静岡県浜松市東区有玉南町603-1
TEL & FAX 053-433-6628
営業時間／AM10:00〜PM5:00 定休日／不定休
明治〜昭和初期の、きものと縮緬古裂を扱い、細工物用のはぎれは種類も豊富に揃っております。

かまくら 花ぐるま
〒248-0016 神奈川県鎌倉市長谷3-12-10 (長谷観音店)
TEL 0467-23-2601 FAX 0467-40-4217
営業時間／AM10:00〜PM5:00 定休日／不定休
古都鎌倉に店を出し40年。古き良き時代の布や着物、古雑器を懐かしみながら、お客様に見ていただきたく思っています。四季折々を感じながら過ごしてきた品には、日本独特の風合いがあります。

ギャラリー 杏 (あん)
〒834-0115 福岡県八女郡広川町新代701
TEL 0943-32-3970
営業時間／AM10:00〜PM6:00 定休日／日曜日
筒描きやちりめん、はぎれ、芭蕉布を中心に、帯や和装小物なども揃います。リメイクのお洋服やバッグなどもあり、古布の世界に触れることができます。
http://atom-atomsk.hp.infoseek.co.jp/index.html

ギャラリー EVE、古美術 衣舞、ほそかわオフィス、アトリエadam
〒802-0074 福岡県北九州市小倉北区白銀2-4-14
TEL 093-922-0996、080-6452-9619
FAX 093-922-1670
営業時間／AM10:00〜PM6:00 定休日／日・祝
江戸時代〜大正の古布、時代裂、大正ロマンの着物、パッチワーク、ちりめん細工の材料、そして人形細工の小物、アクセサリーなど、日本全国を飛び回って収集した品々を展示販売しています。

古裂とよ (五右衛門)
〒604-8103 京都府中京区柳馬場姉小路下ル油屋町84-4 TEL & FAX 075-211-3005
営業時間／AM10:30〜PM6:30 定休日／不定休
古布、古裂を使った手仕事の仲間の集まる店を心がけております。古布、古裂の好きな方は、一度訪ねてみて下さい。

古美術 蜻蛉、ギャラリーとんぼ
〒802-0974 福岡県北九州市小倉南区徳力6-10-3 TEL & FAX 093-961-2689
営業時間／AM11:00〜PM6:00 定休日／日曜日
骨董・古布・昔着物から古裂布・型染・絣・紬など、古き良き時代の数々を揃えております。また、ちりめん細工・ちりめん人形等、日本古来の伝統を保ちつつ、華やぎのあるお店です。
http://www.gallery-tonbo.com
info@gallery-tonbo.com
第2、4火曜日・パッチワーク教室、第2木曜日・縮緬細工教室を開講中。月1回の人形教室も開講予定です。詳しくはお問い合わせ下さい。

古布 おざき
〒562-0027 大阪府箕面市石丸2-7-1 岡田ビル2F TEL 072-729-9127
営業時間／AM10:00〜PM5:00 定休日／日・祝
明治・大正・昭和のちりめんを中心に扱うお店です。関西の作家の創作人形も数多く扱い、伝承小物も目を楽しませてくれます。ちりめんの布は着物一着から片袖・身頃など小裂まで豊富に取り揃えております。細工物の打ちひももあります。また、様々なお教室も開講しております。お細工物、古

あそび、人形の着物、和布パッチワーク、詳しくはお問い合わせ下さい。

古布 母家
〒960-8074 福島県福島市西中央3-74-4
TEL 024-535-1363 FAX 024-534-3713
営業時間／AM11:00〜PM5:30 定休日／月曜日
古布全般を扱っています。特に東北地方の木綿類 (刺し子、裂織、他) を豊富に取り揃えています。
http://www.kofu-omoya.com
info@kofu-omoya.com

今昔きもの あきを
〒630-8222 奈良県奈良市餅飯殿町28
TEL & FAX 0742-20-5598
営業時間／AM10:00〜PM7:00 定休日／第2・4木曜日
明治〜昭和の昔きものや錦紗・ちりめんのはぎれ、現代物の小紋・つけさげ、大島紬、結城紬などのほか、木綿や絣、型染め、麻なども豊富です。

株式会社 時代裂屋 梵
〒606-8277 京都府京都市左京区北白川堂ノ前町38-1 TEL & FAX 075-711-7095
営業時間／AM10:00〜PM6:00 定休日／年末年始
時代の流れと共に生まれ変わる贅沢な逸品。当店では、明治・大正・昭和を経て、大切に受け継がれてきた古布から生み出された手作りのバッグや小物、季節の飾り物、また、着物や羽織、帯、はぎれなどを豊富に取り揃えております。

昔ぎれ 木偶 (でく)
〒662-0915 兵庫県西宮市馬場町4-17 (西宮中央商店街)
TEL & FAX 0798-22-4436
営業時間&定休日／不定休 (電話でご確認下さい)
明治・大正・昭和初期の布を扱っています。ちりめん、錦紗は人形の着物や細工物に、更紗・絣・型染・帯地などは、パッチワークの材料としてニーズに合わせて、小裂にして販売しています。

和骨董専門店 のとや
〒770-0868 徳島県徳島市福島1-4-2
TEL & FAX 088-653-7792
営業時間／AM11:00〜PM6:00 定休日／日・祝
江戸後期から昭和にかけての古布や着物を中心に扱っています。リサイクル着物も取り扱いもしています。
tubame5-2-10@mb.pikara.ne.jp

笑美 (わらび)
〒965-0037 福島県会津若松市中央1-5-13
TEL 0242-24-0020
営業時間／AM10:30〜PM5:00 定休日／水曜日
城下町会津の古布の店。レンガ造りの二つの蔵に、まるで時間が止まったようにアンティーク着物や古布、民芸品が揃っています。ちりめん、錦紗、古木綿を小物作り用に小裂で取り揃えています。民芸品の体験学習もしています (要予約)。

作品の作り方 押絵の基礎

押絵は基礎さえわかれば、応用することができます。
下にくるものから順に、重ねていきましょう。
バッグなど布に貼る場合は、アップリケのようにしてまつりつけます。

★作り方の図で、特に指定のない数字はcm単位で表示しています。
★作り方図、型紙は「断ち切り」の指定がない限り、すべてでき上がり寸法で表示しています。
布を裁つ時は縫い代を0.5〜1cmほど加えてください。

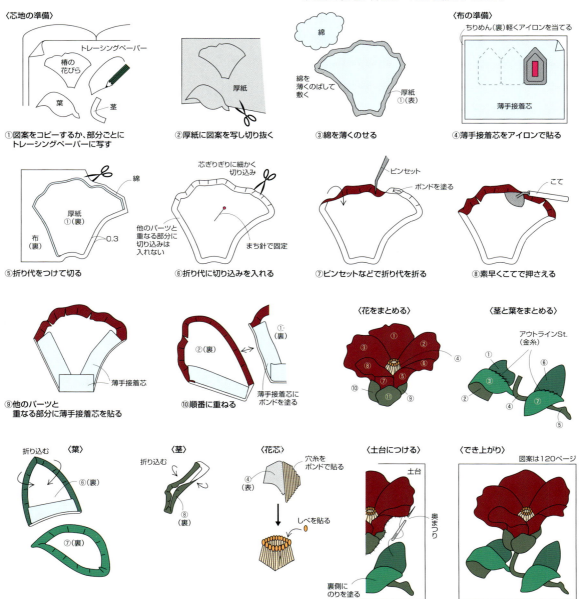

お水取り 8ページ

◆ 材料（椿1個分）

布（ちりめんを使用）…赤無地24×8cm、白無地30×8cm、赤かのこ12×8cm、濃淡黄色2種類各11×3cm、緑10×3cm、ワイヤー（#30）100cm、両面接着芯12×3cm、化繊綿・薄手接着芯各適宜

◆ 作り方

① 花弁、花芯に薄手接着芯を貼る。
② 布を裁つ。
③ 花弁用表布2枚を中表に合わせ、あけ口を残し周囲を縫い、縫い代に切り込みを入れ表に返す。ワイヤー3本にボンドを塗って差込み、花弁を5枚作る。
④ 花芯（中心）を中表に合わせ輪に縫い、上部をぐし縫いして絞り表に返す。
⑤ 花芯（しべ）を二つに折り裏側に両面接着芯を貼って、切り込みを入れる。中心の周りにしべをボンドで貼り花芯を作る。
⑥ 花芯の周りに花弁をバランスよく重ねていく。
⑦ 口べり布を輪に縫い、花弁の下部に縫いつける。折り返して端をぐし縫いし、綿を詰め縫い絞る。
⑧ 椿24個を作り箱の中に詰める。

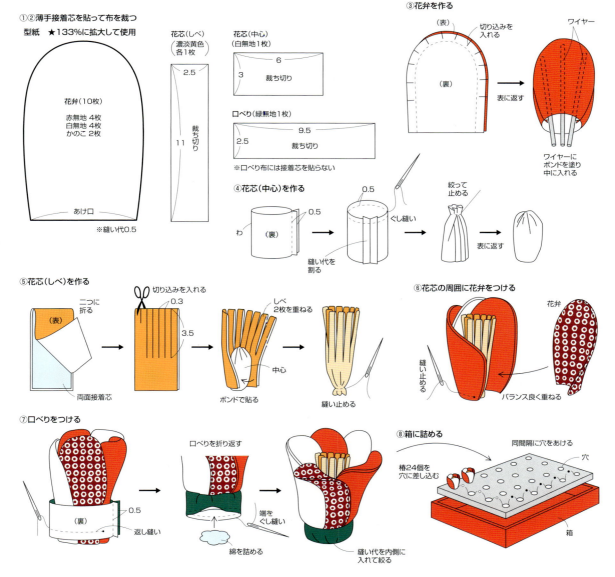

つり飾り 5ページ

◆ 材料（椿袋1個分）
布（ちりめんを使用）…端切れ適宜、ひも80㎝、ワイヤー（#30）・薄手接着芯・両面接着芯・厚手芯・穴糸白・リリアン黄色・化繊綿各適宜

◆ 作り方
① 椿袋を作る。花弁布2枚を中表に縫い、表に返し中にボンドを塗ったワイヤーを入れる。
② 花芯を作る。
〈ピンタックの花芯〉布を中表に合わせて輪に縫い、表に返し全体にピンタックをとる。花芯の先端を縫い合わせ刺しゅうをする。
〈穴糸の花芯〉布の表側に両面接着芯を貼り、穴糸をすき間なく貼る。中表に合わせて輪に縫い花芯の先端を縫い合わせ刺しゅうをする。
〈八重の椿の花芯〉花弁の中心部4枚を中表に合わせ円すい状に縫い、表に返す。
③ 葉を作る。
④ 花芯の周りに花弁と葉を好みでバランスよく組み合わせ縫いとめる。
⑤ 口べりをつける。
⑥ ひもを通し房飾りをつける。八重の椿の房飾りの花芯は花弁の中心部の裁ち切りの型紙を使う。
⑦ 綿を詰める。

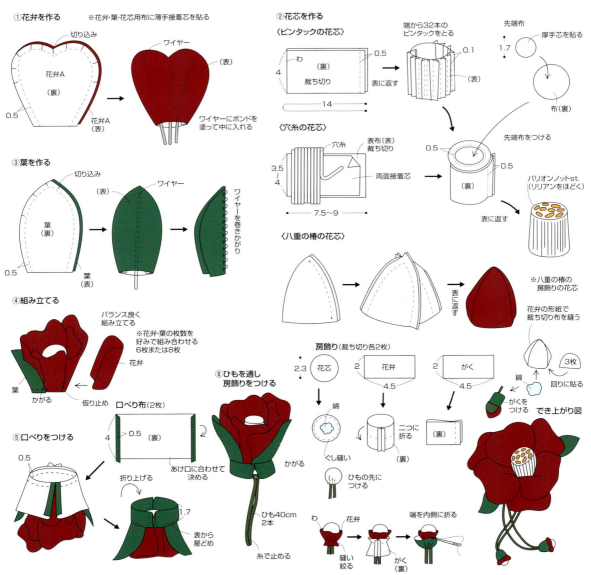

梅飾りの作り方

発泡スチロールの玉5個

11　ぐし縫い

直径 0.7

① 発泡スチロールを端につなぎ表布で包む
② ぐし縫いして絞り、止める。糸を切らず中心を通す
③ 1個ずつ糸を渡し花びらを作る
④ 花芯をつける

交差させる

直径25のリングに白と赤のちりめんを巻く

0.2江戸打ちひも

梅飾り

リングに結ぶ

八重の椿

結ぶ

まり

140

まり
房

椿袋を下から上に向かって、ぬいぐるみ針などを使いひもを通していく

型紙
（縫い代0.5）

★133%に拡大して使用

花弁A
花弁B
花弁C
花弁D
あけ口
葉

八重の椿

花弁中心部分（花芯）4枚
あけ口

花弁B 表裏各5枚
花弁A 表裏各4枚
花弁C 表裏各6枚
花弁D 表裏各8枚
あけ口

107

乙女箱の基礎

乙女箱の元になる土台の箱を作ります。
基本的な丸型のものでレッスンしますが、
他の形の箱も同様にして作れます。
厚紙は文房具店や手芸店で市販されているものを用いてください。
乙女箱の型紙122ページ、押絵の図案124ページ

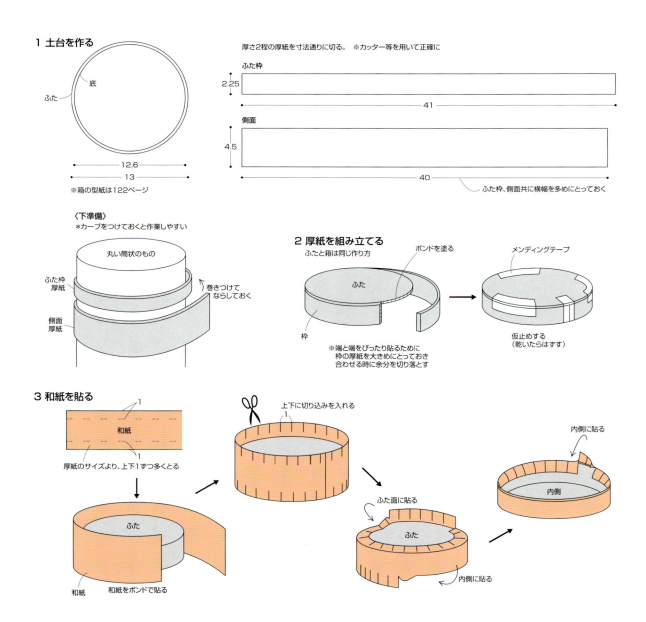

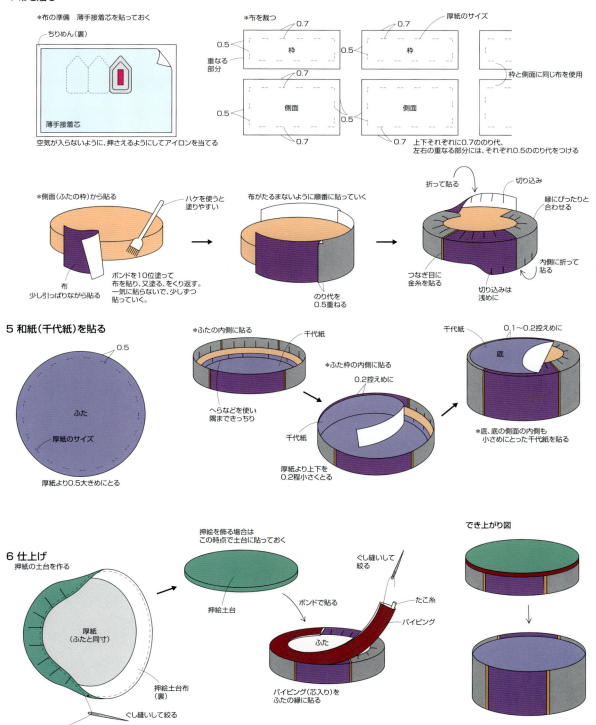

乙女箱
11ページ

◆ 材料
布（ちりめんを使用）…赤大柄32×32cm、緑30×8cm、黄色5×5cm、金糸・リリアン黄色・薄手接着芯・和紙・厚紙・化繊綿各適宜

◆ 作り方
① 和紙で型紙を作る。
② 花弁を作る。布の裏側に型紙をのせ、折り代に切り込みを入れ折って貼る。2枚を外表に貼り合わせてタックをとり、仮止めをして花弁をAとB合わせて7枚作る。
③ 花芯を作る。型紙に綿をのせ表布でくるみ、裏側で縫い絞り、上に刺しゅうをする。
④ 葉を花弁と同様に作り刺しゅうをする。
⑤ 押絵土台に花弁と花芯をバランス良く重ねながら貼る。
⑥ ふたの上面に押絵土台を貼る。
⑦ ⑥に葉を差し込んで、ふた枠まで葉全体を貼る。
★箱の作り方は108ページ。

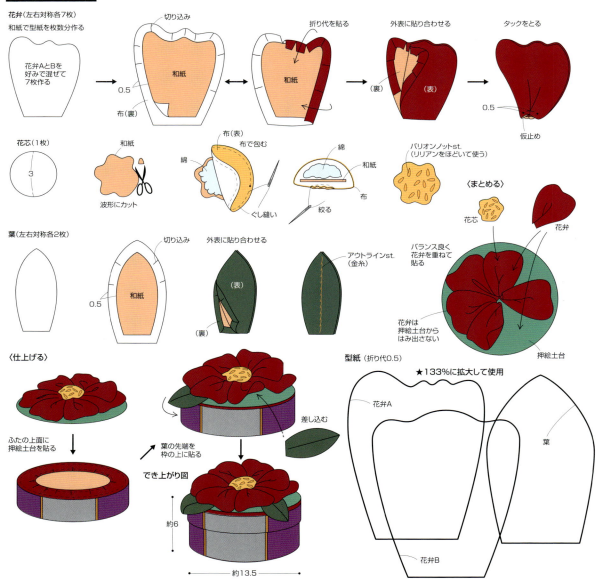

にわとり袋
27ページ

◆ 材料
布（ちりめんを使用）…白無地26×18cm、大柄20×24cm、ピンク20×20cm、赤30×25cm、端切れ適宜、ひも80cm、薄手接着芯・厚手接着芯・両面接着芯・ペレット・化繊綿・水引各適宜

◆ 作り方
① とさか、砂だれ、羽根4種類をそれぞれ中表に合わせて、あけ口を残し縫い、縫い代に切り込みを入れて表に返す。
② 胴2枚を中表に合わせて各パーツのつけ位置とあけ口を残して縫い、底を縫い合わせる。
③ 口ばしを作り、本体に縫いつけ、砂だれととさかを縫いつける。
④ バイアス布でループを作り、中に水引を入れ尾を10本作る。束ねて根元を糸でくくり、本体につける。
⑤ 羽根を順番に縫いつける。
⑥ 口べりをつけてひもを通し、房飾りをつける。
⑦ 目をつける。
⑧ 本体の中にペレットと綿を詰め、形を整える。

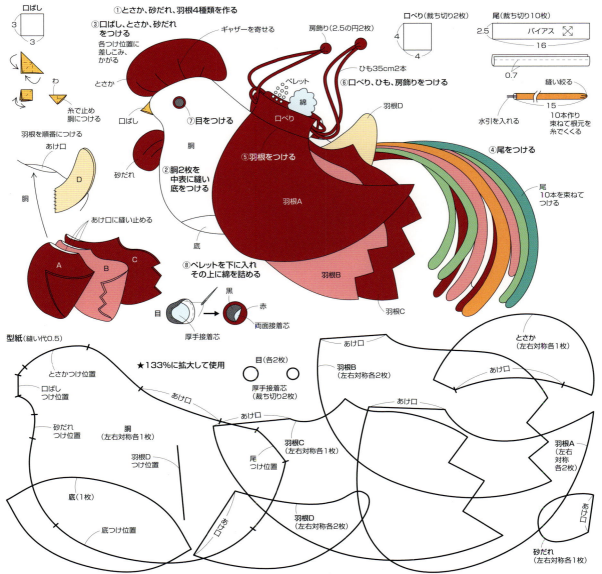

◆ 材料
布（ちりめんを使用）…大柄布男女各40×20cm、白・ピンク各20×20cm、端切れ適宜、薄手接着芯・ドミット芯・厚手接着芯・厚紙・ひも・リリアン・刺しゅう糸・化繊綿各適宜

◆ 作り方
① 図を参照に男女前側布を縫い、ドミット芯と厚手接着芯を貼る。
② ①と後側布を中表に縫い合わせる。
③ 袋口の縫い代を内側に折り、タックをとり本体に穴をあけ、ひもを通す。
④ 押絵を作り、本体に貼る。
ⓐ 顔、手用布の周囲をぐし縫いして厚紙と綿をくるんで絞り、目をつけ口を刺しゅうする。
ⓑ 耳、耳飾り、えぼしをそれぞれ中表に合わせて周囲を縫い表に返す。
ⓒ 扇としゃくは厚紙を布でくるむ。
ⓓ 各パーツを組み立てる。
★顔などのパーツの型紙は123ページ。

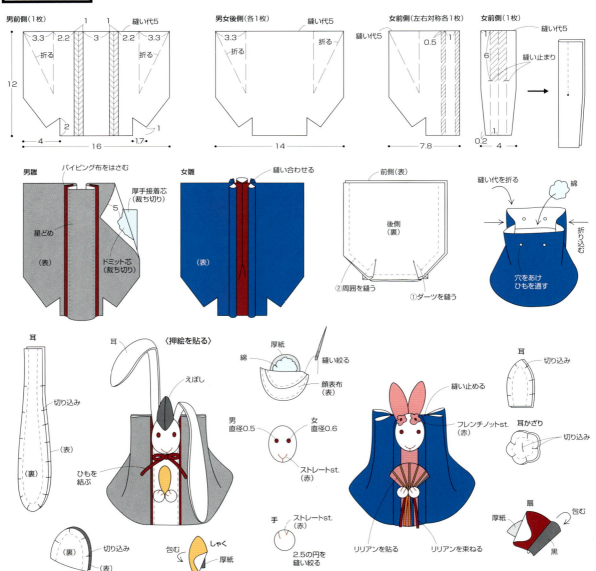

針刺し
33、67、71ページ

◆ 材料

<サクラ>
布（ちりめんを使用）…ピンク32×24cm、0.6cm幅バイアステープ緑・黄色各380cm、化繊綿・薄手接着芯各適宜、直径9cm円形の器

<サクラにうさぎ>
布（ちりめんを使用）…ピンク37×16cm、えんじ32×16cm、赤適宜、0.9cm幅バイアステープ黄色・白各260cm、化繊綿・薄手接着芯・厚紙各適宜、直径9.5cm円形の器

◆ 作り方

① 花弁2枚を中表に合わせてあけ口を残して縫い、縫い代に切り込みを入れ表に返す。
② 花芯を作る。バイアステープを格子に編んで、周囲をほつれないように仮止めする。
③ ②の周囲を円形にぐし縫いし、綿を丸く詰め縫い絞って針山を作る。
④ 花弁を器にボンドで貼り、その上に針山をボンドで貼る。

<サクラにうさぎ>の作り方
うさぎの耳を2個作り、タックをとり④の編み目に差込みボンドでつける。尾と目を作りバランスよくボンドでつける。

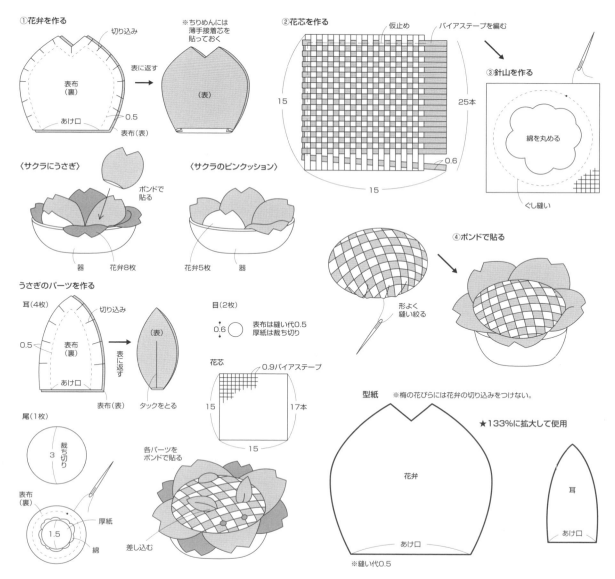

猫袋
33ページ

◆ 材料（共通）
布（ちりめんを使用）…端切れ各種、ひも各種、ドミット芯・キルト綿・薄手接着芯・厚手接着芯・厚紙・金糸・グレー穴糸・毛糸・ペレット・化繊綿各適宜

◆ 作り方
① 図を参照に前側足と後側足を作る。
② 尾用布を中表に縫い、綿を詰める。
③ 胴2枚を中表に合わせ、足と尾をはさんで縫う。底を縫い合わせる。
④ 顔布3枚を中表に縫い、厚手接着芯と綿を入れ縫い絞る。
⑤ 耳を作る。
⑥ 手を顔と同様に作る。
⑦ よだれかけを作る。
⑧ ③に口べりをつけ、ひもを通し房飾りをつける。
⑨ 底に厚紙を入れ、ペレットと綿を詰める。
⑩ 手をバランスよく胴につけ、顔とよだれかけをバランスよくかがりつける。

針刺し
① 顔、よだれかけ、尾、手は猫袋同様に作る。
② 器の大きさに合わせて胴用の布に綿を詰め、軽く縫い絞り、器の中にボンドでつける。
③ 尾、手、顔をバランスよく縫いつける。
★型紙123ページ。

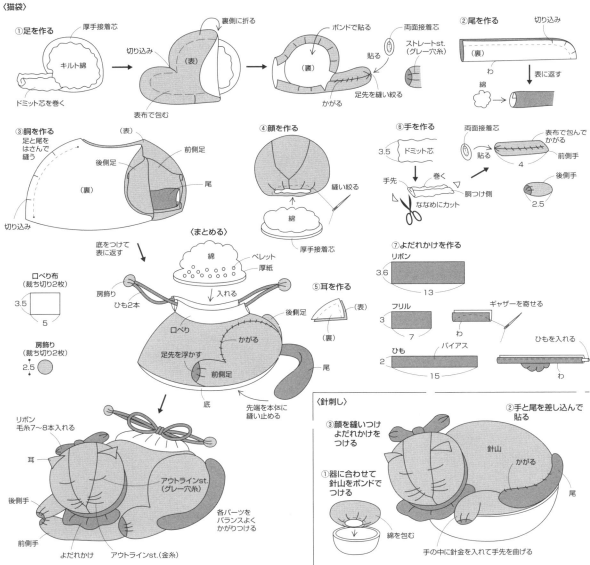

きゅうり袋

67ページ

◆ **材料（大）**
布（ちりめんを使用）…緑無地30×20cm、緑かのこ16×12cm、ひも70cm、化繊綿・穴糸緑・両面接着芯・薄手接着芯各適宜

◆ **作り方**
① 布に薄手接着芯を貼り布を裁つ。
② かのこの布の裏側に両面接着芯を貼り、きゅうり袋の表布にアップリケする。
③ 表布のダーツをそれぞれ縫う。
④ 表布2枚を中表に合わせあけ口を残し周囲を縫い、縫い代に切り込みを入れ表に返す。
⑤ 口べり布をつける。
⑥ ひもを通し、房飾りをつける。
⑦ 綿を詰め、穴糸で刺しゅうをする。

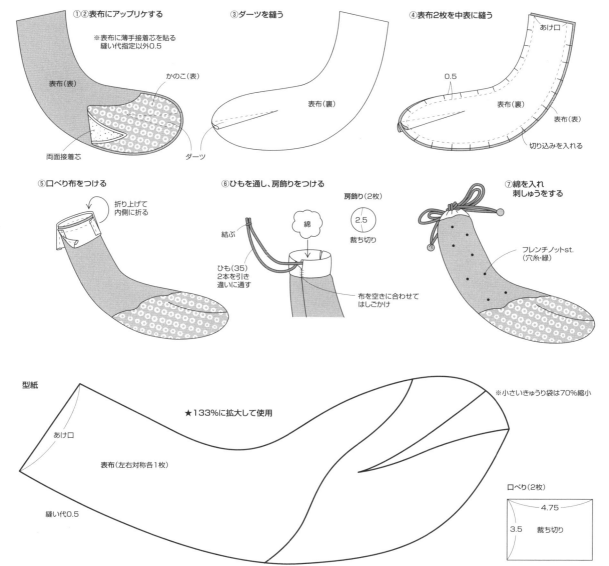

◆ 材料（猫・うさぎ）
布（ちりめんを使用）…白（猫）赤（うさぎ）45×30cm、押し絵・ひも通し用布…端切れ適宜、中袋用布…45×30cm、直径0.2cmひも80cm、（円形・長方形共通）薄手接着芯・刺しゅう糸・化繊綿各適宜

◆ 作り方
① 押し絵をした前側表布と後側表布を中表に合わせて、あけ口を残し縫う。底のまちを縫い表に返して袋口の縫い代を内側に折る。
② ひも通し布の両端を折ってぐし縫いし、二つに折り①の袋口の内側に仮止めする。表側から星止めする。
③ 中袋を作り、本体の内側に入れ袋口をまつる。
④ ひもを通し、房飾りをつける。
★押絵の図案127ページ

◆ 材料（円形・長方形）
布（ちりめんを使用）…端切れ適宜、中袋用布45×25cm、直径0.2cmひも170cm

◆ 作り方
① 図を参照にパッチワークをして表布を2枚作る。
② ①を中表に合わせてあけ口を残し縫い表に返す。
③ ひも通しを6枚、または8枚作る。
④ 猫の巾着の作り方と同様。

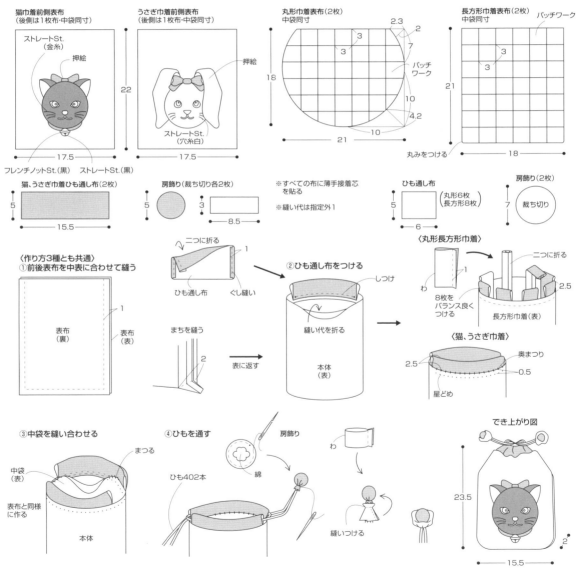

縞巾着
40ページ

◆ 材料

（大）布（ちりめんを使用）…パッチワーク用紫柄36×75cm、紫無地30×50cm、底用20×20cm、ひも通し布36×40cm、端切れ適宜、中袋用90×25cm、直径0.2cmひも3色各180cm（大小共通）、薄手接着芯・厚手接着芯・接着ドミット芯・厚紙・化繊綿各適宜

（小）布（ちりめんを使用）…パッチワーク用4種類各20cm×25cm、底用25×25cm、ひも通し布24×16cm、端切れ適宜、中袋用60×15cm、直径0.2cmひも2色各90cm、刺しゅう用緑・赤手ぬい糸（#9）各適宜

◆ 作り方

① パッチワークをして表布を作り、接着ドミット芯を貼り中表に合わせて輪に縫う。
② 底板を表布でくるんで①と中表に縫い合わせる。
③ 中袋側面を中表に脇を縫い、②に重ねる。
④ 底板を中袋底布でくるみ、③の底にボンドで貼る。
⑤ ひも通し布を作り表袋の袋口に縫いつける。中袋の袋口の縫い代を折り本体にまつる。
⑥ ひもを通し、房飾りをつける。

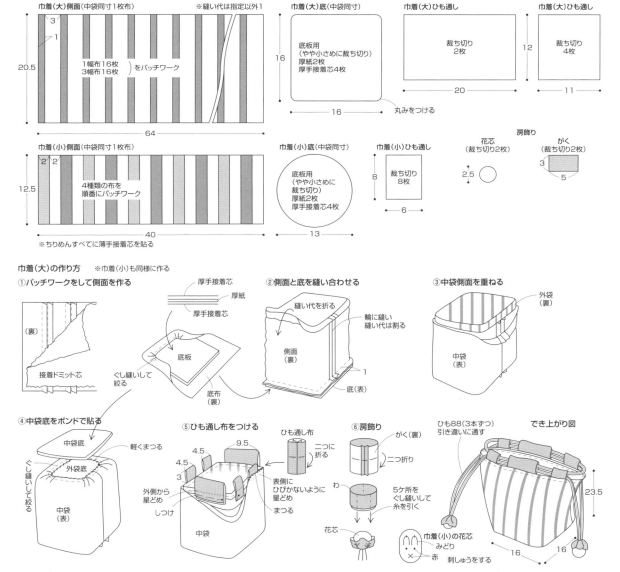

◆ 材料（大）
布（ちりめんを使用）…端切れ適宜、ひも通し布36×36cm、中袋用100×20cm、直径0.3cmひも140cm、金糸適宜、薄手接着芯・接着ドミット芯・厚紙・化繊綿各適宜（大小共通）

◆ 作り方
① パッチワークをして表布を作り接着ドミット芯を貼り、中表にして脇を縫い底を縫い合わせる。
② 底に厚紙を貼る。
③ ひも通し布を作り袋口に縫いつける。
④ 中袋を作り重ねてまつる。
⑤ ひもを通し、房飾りをつけ、押絵をつける。

◆ 材料（小）
布（ちりめんを使用）…端切れ適宜、中袋用45×25cm、口布（バイアス）4×45cm、直径0.2cmひも90cm、直径0.1cmひも適宜

◆ 作り方
① 図を参照にパッチワークをして、組み立てて縫い袋にする。
② 縫い代を倒しステッチをする。
③ 中袋を作り②の中に重ね入れ、袋口をバイアス布でくるむ。
④ ひも通しを作り、ひもに房飾りをつけ、本体にポンポンをつける。

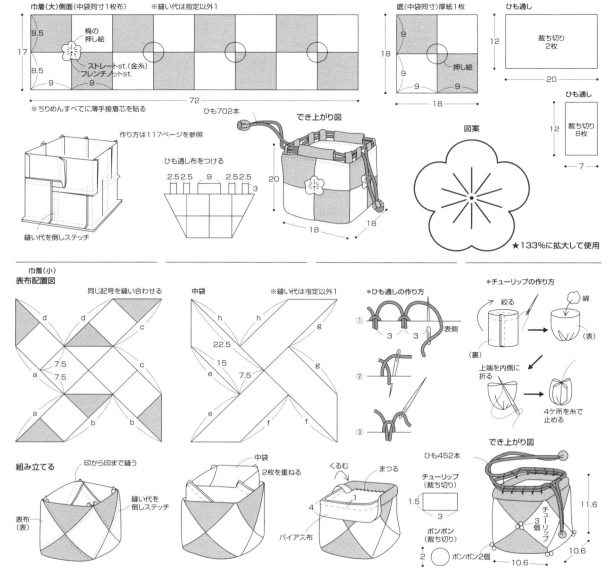

巾着 35、79ページ

◆ 材料（茶色巾着）
布（ちりめんを使用）…パッチワーク用茶系の端切れ適宜、茶系しぼり35×40㎝（底を含む）、ひも通し布35×20㎝、中袋用30×70㎝、直径0.3㎝ひも2色各150㎝、薄手接着芯・接着ドミット芯・厚手接着芯・厚紙・化繊綿各適宜（茶色・太縞共通）

◆ 作り方
① パッチワークをして表布を作り、裏側にドミット芯を貼りキルティングをする。
② ①の2枚を中表に合わせ脇を縫う。
③ 底板を表布でくるんで②と縫い合わせる。
④ 中袋側面布を中表に脇を縫い、③と重ねる。
⑤ 底板を中袋底布でくるみ④の底にボンドで貼る。
⑥ ひも通し布を作り、本体の袋口につける。
⑦ ひもを通して房飾りをつける。

◆ 材料（太縞巾着）
布（ちりめんを使用）…赤柄布25×30㎝、灰色柄布36×15㎝、黒無地30×30㎝（底を含む）、ひも通し布30×16㎝、房飾り布6×12㎝、直径0.2㎝ひも3色各60㎝

◆ 作り方
茶色巾着と同様。

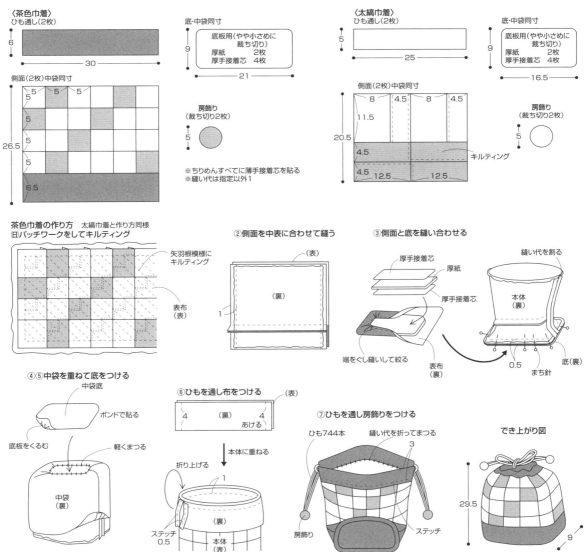

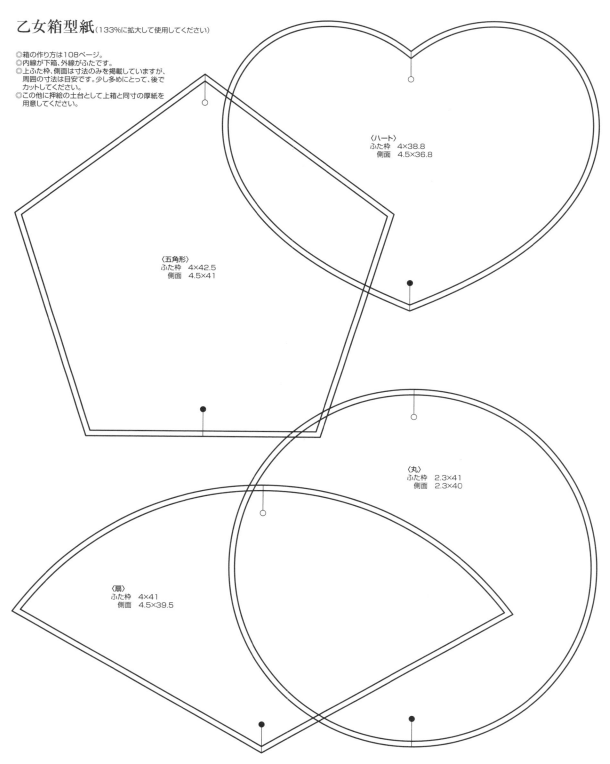

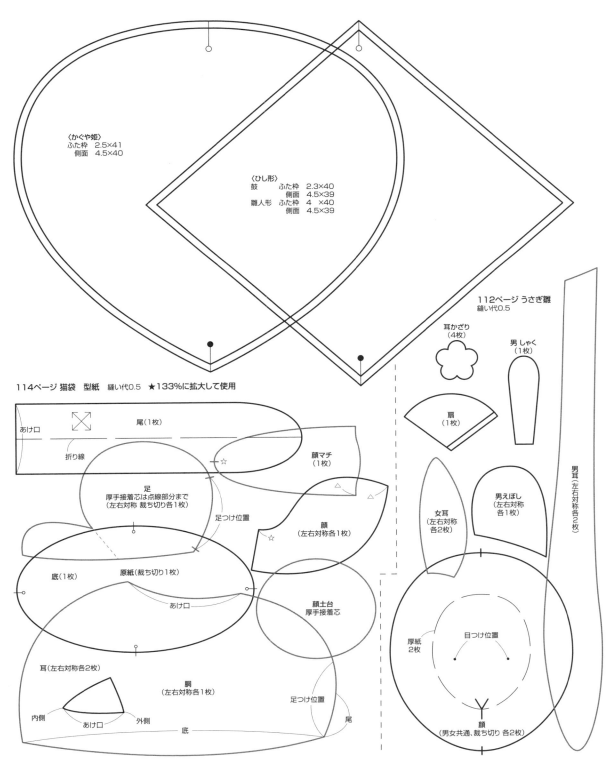

乙女箱図案(200%に拡大して使用してください)

乙女箱図案 (200%に拡大して使用してください)

18ページ
朝顔

25ページ
かぐや姫

23ページ
鼓

21ページ
椿(丸)

24ページ
雛人形

44・45ページ
舞妓さん

押絵図案（200％に拡大して使用してください）

弓岡勝美　教室のご案内

◆蔵倶楽部

縫い物倶楽部…押絵、袋物、バッグ、つり雛、さしまり、古布ちりめん貼りまり、着物のお直し（襟つけ、裄・袖丈など）

詳細につきましては、下記までお問い合わせください。
株式会社弓岡オフィス　蔵倶楽部事務局
電話：03-6450-5701　FAX：03-6450-5702
壱の蔵のホームページは　http://ichinokura.info/

◆壱の蔵　青山サロン「和ぶんか塾」
〒107-0061 東京都港区北青山3-10-6　第2秋月ビル2階
電話：03-6450-5701　FAX：03-6450-5702

＜参考文献＞
『日本の傳統色彩』長崎盛輝（京都書院）
『日本の色辞典』吉岡幸雄（紫紅社）
『装飾デザイン31号　日本の色を楽しむ』（学研）
『日本の伝統色　色の小辞典』財団法人日本色彩研究所編／福田邦夫著（読売新聞社）

STAFF
制作スタッフ／中島良子　小田原玖江　中村佳代
　　　　　　　松下彩香　須田しず香
撮影／宮下昭徳
レイアウト／石黒紀夫　イシグロデザインルーム
トレース／ファクトリー・ウォーター
編集協力／鈴木さかえ
編集担当／今ひろ子　石上友美

日本ヴォーグ社関連情報はこちら
（出版、通信販売、通信講座、スクール・レッスン、自費出版）
http://www.tezukuritown.com/ 　手づくりタウン　検索

立ち読みもできるウェブサイト［日本ヴォーグ社の本］
http://book.nihonvogue.co.jp

HOT LINE ホットライン

この本に関するご質問はお電話で
Tel. 03-5261-5489
受付／13:00～17:00（土・日・祝日を除く）
本のコード／NV70340
編集担当／石上までお願いします。

* 本書の複写にかかる複製、上映、譲渡、公衆送信（送信可能化を含む）の各権利は株式会社日本ヴォーグ社が管理の委託を受けています。
JCOPY ＜(社)出版者著作権管理機構 委託出版物＞
* 本書の無断複写は著作権法上での例外を除き禁じられています。複写される場合は、そのつど事前に、(社)出版者著作権管理機構（TEL 03-3513-6969、FAX 03-3513-6979、e-mail: info@jcopy.or.jp）の許諾を得てください。
* 万一、乱丁本、落丁本がありましたら、お取り替えいたします。お買い求めの書店か、小社販売部へご連絡ください。
* 印刷物のため、実際の布とは色調が異なる場合があります。

あなたに感謝しております　We are grateful.

手づくりの大好きなあなたが、この本をお選びくださいましてありがとうございます。内容はいかがでしたでしょうか？　本書が少しでもお役に立てば、こんなにうれしいことはありません。日本ヴォーグ社では、手づくりを愛する方とのおつき合いを大切にし、ご要望におこたえする商品、サービスの実現を常に目標としています。小社及び出版物について、何かお気付きの点やご意見がございましたら、何なりとお申し出ください。そういうあなたに私共は常に感謝しております。

株式会社日本ヴォーグ社　社長　瀬戸信昭　FAX 03-3269-7874

ちりめんのお細工物やつり飾りを楽しむ
日本の心の色100　縮刷版
美しいお細工物100点＋
ちりめんで奏でる100色の布見本帖とカラーレッスン

発行日／2016年1月12日
著者／弓岡勝美
発行人／瀬戸信昭
編集人／森岡圭介
発行所／株式会社 日本ヴォーグ社
〒162-8705 東京都新宿区市谷本村町3-23
電話／販売03-5261-5081　編集03-5261-5489
振替／00170-4-9877
出版受注センター／電話03-6324-1155　FAX 03-6324-1313
印刷所／株式会社東京印書館
Printed in Japan Ⓒ Katsumi Yumioka 2016
NV70340　ISBN978-4-529-05541-3 C5077

定価　本体1,500円　※消費税が別に加算されます。